ドSの宇宙さんの1分スパルタ開運帖

小池 浩
イラスト アベナオミ

サンマーク出版

借金2000万円を抱え、鼻水号泣の男はあるとき、
「何でもヒントにする」と決めた。
道行く人の何気ない会話、
ふと目に留まった看板の文字、
カラスが肩に落としたフンですら、
すべては自分へのメッセージととらえ、行動の糸口にした。
そう、それが、幸せを取り戻した「コイケ」だ。

宇宙の法則はシンプルだ。
宇宙は、口ぐせに現れる「おまえの前提」を増幅し
映し出す場所。そして願望実現のしくみは、
宇宙に望む結果を「オーダー」し、「ヒント」を求め、
考えつく限りの行動をするだけ。
宇宙は世にもドラマティックな
方法で、それを実現させる。

……ん？　「ヒントが
何かわからない」だと？
――うっかり手に取った
この本、これもヒントだと思え。
開いたところが、今のおまえに
必要なこと。やるべきこと。
考えてみるべきことだ。
いいか、何を見るかで、現実は変わるし、
考え方ひとつで未来も一変する。
だから、1分あれば、人生は変えられるんだ。
ヒントはおまえが手を伸ばすのを待っている。

さぁ、開け。
行動のときだ！

1分あれば変われるんだよ！

『ドSの宇宙さん』シリーズで人生逆転したコイケが、借金返済で七転八倒の時代、ヤツに直感を通し伝えていたメソッドを抽出したのがこの本だ。

メッセージブック……などとかわいく呼ばれるのはむずがゆい。

尻叩き本と呼べ！

おまえがやるべきことは、スピリチュアルの世界をふわふわ漂うことじゃない。

地に足つけ、とことん行動あるのみ！

これまでの自分を変えたいなら、変わると決めること、それだけだ。

そして、それは1分あれば決意できる。

深刻になるな、ただし真剣にやれ！

1 お告げとして使え

章立ても、くくりもない。開いたところが、おまえが今、必要としている言葉だ。行動もあれば考え方もある。おまえ自身が必要とするヒントは、誰かに押しつけられるものじゃない。おまえの手で開いて見つけるものだ。念じて開け！

2 おさらいに使え

開いたところがおまえに必要な言葉、順番もあえてバラバラなのがこの本だ。だが、それを律儀に、頭から真面目に読み込むヤツは嫌いじゃない。ドSシリーズ3冊分で登場したあらゆる要素を、イラストのおかげでわかりやすく頭に叩き込める。

3 枕に使え

オレの言葉が子守唄に聞こえる図太いヤツになら、オレは枕になってやってもいい。大胆なヤツは大歓迎だ。潜在意識は夢の状態とも近いと言われる。「ヒントをください」とこれを枕に眠ったならば、めざめた世界は変わっているはずだ。

1

願いはとにかく「完了形」で言え！

おい、「夢がかなったらいいな」だと!?
その口ぐせが導くのは「かなったらいいな」と
願いつづける状況だ。いいんだな？

おまえの口ぐせは何だ？　口ぐせは、本人にとっての「人生の大前提」だ。おまえが心の底から信じ、潜在意識が望むことが無意識のうちに口から出ている。「〇〇できたらなあ」という口ぐせは、「〇〇できていない」という現状を認め、望んでいるということだ。宇宙は言葉の振動をキャッチし、そのエネルギーを増幅させる形で現実をつくっていく。「できない」と言えば「できない」が増幅され、当然結果も「できない」。「できたらなあ」と言えば「できたらなあ」が増幅され、当然結果も「できたらなあ」のままだ。本気で人生を変えたいなら、とにかく完了形だ。「できました！」「かないました！」

これなら、誰でも今すぐできるだろ？

宇宙は常に「YES」。
現実はオーダーの結果だ！

宇宙への「オーダー」は、とことん具体的に、明確であれ。
オーダーしたものが、手に入る。
手に入らないのならオーダーのしかたが間違っている。

オーダーしても願いがかなわない人間の共通項は、オーダーが曖昧ということだ。宇宙に「善や悪」「良し悪し」の判断はない。宇宙にあるのはただただ「YES」。心底望むものが現実として生み出される。そこには判断も選別もない。「こう言っているけれど本心はそんなこと望んでいないはず」などと斟酌も忖度もしない。ただただその人の口ぐせ、つまり人生の大前提が現実をつくっていく。よくある間違いは、曖昧なオーダーだ。喫茶店に行き「私が好きそうなもの、何かくださ い」と言うヤツはいない。宇宙も喫茶店と同じだ。とにかく明確にする。おまえが明確に望みを描き、発信してはじめて、宇宙はそれを現実にすることができる。

3

望みを「決意表明」に変えろ。書け！「期限」を忘れるな！

かなえたい望みも、理想も、すべて宇宙にオーダーしろ。
決意表明でおまえの潜在意識にインプットされてはじめて、
宇宙はそれに向けて動き出す。

願いをかなえることは、実は技術だ。精神論ではなく、そこには理論と確かな方法がある。かなえたい願いがあるなら、まずは紙に書き出し、自分に決意表明をすることから始めよ。期限を決めると、人は無意識のうちに「動き出すしかない」と追い込まれる。宇宙も期限を設定されるとがぜんはりきる。ただし、「明日100万円が手に入る」とか「今月中に結婚します」といった、行動する時間が取れないオーダーはかないづらい（上級者ではこれがかなう人もいる。技術の差だ）。明確なオーダーをして、期限を決め、行動するとかなう。このシンプルなしくみを使いこなすためにも、小さなオーダーから技術を少しずつ上げていけ。

4

厳禁口ぐせ「どうせ」使ったらゲンコツ一発！

「うまくいくはずがない」「どうせ無理」
自虐口ぐせは一切禁止。
人生ゲームの「難易度設定」を爆上げするNG行為だ。

「どうせ無理でしょ?」「そんなにうまくいくはずがない」だと!? おいおい、それも宇宙への立派な「オーダー」だ! その言葉が、人生ゲームの難易度を上げ、苦しい思いをしてからでないとオーダーがかなわない「設定」をつくりだしていることに気づけ。たしかに、地球にしか存在しないネガティブな感情を味わいたくて地球に来たのは事実。だが、コイケのようにどん底をはいずり回らずともすむ方法はいくらでもある。不幸大好きのドMは多いし、どうしてもそれが好きなら止めはしないが、おまえの人生の前提が「私ってどうせ不幸」である限り、宇宙は「オーダー、かしこまり!」と、ウキウキしながら不幸をぶっ込むぞ、いいんだな?

「どうかなえるか」は宇宙が決める！口出すんじゃねえ！

おまえのたかだか数十年の経験だと？
宇宙にある膨大な叡智（えいち）と比べてんじゃねえ。
おまえは正しくオーダーしろ。どうかなえるかは宇宙が決める！

「かないそうなこと」「さほど難しくない願い」をオーダーするなんてミミっちいことは今すぐやめろ。自分に制限をかけず、ただ本当の願いをオーダーしろ。どれほどおまえが「突拍子もない」と思おうが、宇宙にはそれをかなえる度量がある。「ここでこうなって」「このとき誰と出会って」云々の「かなうまでの道筋」に人間が口を出す必要はない。たとえば、中年のおっさんが歌手デビューすることをオーダーしたっていい。YouTube で歌やダンスを披露していたら話題になってデビューにつながることもある。おまえはただ明確に決めよ。そして、そこまでの道のりは任せろ。宇宙はいつも斜め上から、驚くような方法で、願いをかなえる。

宇宙に後ろ髪はない。浮かんだ0.5秒がすべてだ！

宇宙からのヒントは「あ！」と思ったその瞬間が本物。
その後はすべて、思考による言い訳と、やらない理由だ。
最初に浮かんだ感覚を信じて、ひたすら行動しろ！

宇宙から送られてくるヒントは、最初に浮かんだものがすべて。「会社辞めちゃおうかな」「あれ、この人といて楽しいかな私」と、ふと浮かんだものが本物。その後「とはいえ、この歳(とし)で転職なんて、やっぱりいい職場だし、生活もあるし」「でも、いいところもあるし。長く一緒にいたし」などと考えはじめたらそれはもう、やらない理由の量産だ。人間は変わるのが怖い生き物。ヒントをかき消し、行動せずにすむようヒントをねじ曲げる。だからこそ、宇宙からのヒントはファーストインプレッションがすべてだ。ふと浮かんだら、あえて考えずヒントに沿って即行動。いきなり大きく動かずとも、自分にどんな可能性があるのか調べることならできるはずだ。

7

人生はRPGゲーム。
おまえはそもそも勇者だ！

何を深刻になってやがる！　人生はゲームと同じだ。
どんなどん底でも、必ずエンディングにつながっている。
本気で取り組め！　真剣に地球を遊べ！

地球は行動の星。宇宙には行動という概念がないから、行動したい魂たちは地球へやってきて存分に遊び、宇宙へ帰っていく。ロールプレイングゲームとまったく同じだ。おまえは時代、場所、両親、兄弟、容姿をはじめとする基本スペックを選んで生まれ落ちる。小さな村で誰かに出会いコツコツと経験を積み、新しい町へ行く。強い敵を倒し、お姫様を助け、ラスボスにたどりつく。これが、始まっていきなり目の前にラスボスがいたら？そんなの誰も楽しくないだろう？途中、ただレベルを上げるだけの時間もあれば、ダンジョンの迷路がわからずイライラすることもあるだろう。それも含めて、ゲームを存分に楽しんでいるのだ。楽しめ！

8

「奇跡」は在庫過多だ！じゃんじゃんオーダーしやがれ！

誰かや誰かの持ち物に、嫉妬している場合じゃねえ。
おまえがほしいもの、望む世界に「定員」はない！
本気でほしがってるかどうかだ。

宇宙は「奇跡」が在庫過多の状態だ。なぜなら人間が「やっぱり無理」「どうせ無理」とすぐにオーダーをキャンセルするから。そもそも、奇跡なんて、宇宙にとっては当たり前で、めずらしいことではない。オーダーがすべて即座にかなう世界、それが宇宙だ。人はみなそれぞれの宇宙を持っている。おまえの宇宙なんだからおまえの居場所がないなんてありえない。素直に純粋に正しくオーダーし、ヒントを受け取り行動しつづければどんな願いも必ずかなう。まずは、奇跡を起こす「ありがとう」を口ぐせにし、宇宙につながる潜在意識のパイプをクリーニングしろ。そして、望みをオーダーしたら絶対にキャンセルするんじゃないぞ！

9

「ありがとう」をひたすら5万回言え。

おい、せっかく教えてやった最強の口ぐせ
「ありがとう」「愛してる」
言ってねえとか、もう忘れてたなんてこと、ねえだろうな？

人生を好転させたいというとき、何よりの秘訣をひとつ教えよう。それは、「当たり前じゃんそんなの」ということを「実際に」やりつづけることだ。オレはずっと「『ありがとう』は人生を変える最強の言葉」と言いつづけてきたが、「『ありがとう』で人生変わるなら誰だって変わるじゃないか」と言ってやらないヤツは、現実が変わらず、一生文句を垂れ流す。反対に「『ありがとう』を言えばいいのか！　やろう！」と目を輝かせやってみたヤツだけが、人生を変えていく。いいことを聞いた、で終わらせるヤツと、実際にやってみるヤツ。人生の差は、この小さな行動のくせで大きく開いていくことにいいかげん気づけ。

10

悲しいだと？　不安だと？
今だよ、今こそ「ありがとう」だ！

人の悪口を言いそうになったら「ありがとう」、
自分を責めそうになったら「ありがとう」、
宇宙が口ぐせに現実を合わせてくるぞ。

「あの人のせいで」とか「会社のせいで」「あのときこうしていれば」と過去を悔いてしまいそうなときや、人の悪口を言いそうになったり、人のせいにしたくなったりしたときには、まっ先に「ありがとう」をつぶやけ。

「ありがとう」を言うときは、心底感謝なんかできなくたっていいし、ありがたいと思えない状況でもいい。とにかく、つぶやけ、しのごの言うな。地球で起きるできごとはすべて、発信が先で受信が後だ。「ありがとう」をしこたまつぶやいているうちに、宇宙が言葉に現実を合わせてくる。ありがたいできごとが起きるようになり、いつのまにか、心の底から「ありがとう」と言えるようになっている。まあ、やってみろ！

11

タイムラグに負けるな！ 正しいオーダーは必ずかなう。

宇宙はいつだって、ドラマティックな奇跡を用意している。
ただし、「タイムラグ」を超えられたヤツだけに、だ。
タイムラグこそ心願成就の醍醐味（だいごみ）だ！

長年の「できない」「かなわない」「結局ダメになる」という口ぐせは、宇宙へのネガティブなオーダーを積み重ねていることになる。ポジティブなオーダーをしてもかなわないのは、ネガティブオーダー分の「タイムラグ」があるからだ。カツ丼を100杯オーダーして、その後冷やし中華をオーダーしたのなら、100杯のカツ丼が出てきてはじめて冷やし中華だ。心配するな、正しくオーダーしたものは、タイムラグの後で必ず現れる。だから冷やし中華をイメージして嬉々(きき)としてカツ丼を食いつづけろ。タイムラグを堪能するのだ。絶対に「やっぱり自分にはカツ丼しか出てこない」と、途中でオーダーキャンセルしてはならない。

12

自分いじめをやめろ、まずは自分と仲直りだ！

正しくオーダーしてもかなわないとき、
宇宙とつながる「パイプ」が詰まっている。
自分への不平不満、自分いじめを今すぐやめろ！

正しく宇宙へオーダーしているのに願いがかなわないというときに、タイムラグとあわせて思い出すべきことは「自分との仲直り」だ。「私なんて」「やっぱりダメだ」などの自虐口ぐせは、オーダーを通してくれるはずの宇宙とのパイプを詰まらせる。自分いじめのせいで、おまえの中の本当の本当の本当のおまえは、おまえのことを信じられなくなっている。願いをかなえるには、まずは自分自身からの信頼を取り戻せ。「ごめんね、今まで望みを聞いてあげなくて」「許してね、これからはちゃんと聞くからね」「ありがとう、待っててくれて」「愛してる、これからはずっと一緒にいるよ」。何度でも、信じてくれるまで伝えろ！

13

難局も悲劇も「これでかなった！」と叫べ！

宇宙へのオーダーは、必ず実現に向かっている。
だが、宇宙の舵取りは少々荒い。
どんなときも「やった！　かなった」と声高らかに叫べ！

本当に望む未来をオーダーすると、宇宙は「なんだ、そっちか！」と、いそいそと舵を切る。これまでのオーダーがネガティブであればあるほど、方向転換が必要になり、結果、超スパルタで現実を切り替えようとする。

宇宙の舵取りは願いが今の現実から離れるほど荒くなる。「年収1000万円！」とオーダーした途端に会社をクビになったり「幸せな結婚」とオーダーしたのにパートナーから振られたりという、オーダー後の「なぜ？」という状況は頻発だ。今の会社では希望年収に届かない、今の彼氏では望む幸せが得られないのを宇宙が知っているからだ。望む結果を決めオーダーしたら、あとは宇宙を信じ考えつく限りの行動をするだけだ。

14

期限を過ぎたら「利子がついた！」と叫べ！

「かなわなかった」というときの言動こそ、
願望実現の分かれ道だ。
「利子がつく」ことを忘れるな！

期限までに願いがかなわず、落ち込んで投げ出す人間が多くてうんざりだ。よく考えてみろ！　これまでさんざんネガティブなオーダーをしてきたわけだから、宇宙にも真逆のポジティブなオーダーをかなえるためには準備が必要だ。期限どおりかなわなかったことには、後にビッグウェーブが待っている。お金にしたってそうだ。期限までにそろわなかったら大チャンスで、利子がついて降ってくる。間違っても、ここで「ああ、期限どおりにかなわなかったからもうダメだ」と、最悪オーダーをし直してはいけない。「よっしゃ！　これでかなった！利子つきで！」と叫べ！「もっとヒントを」と宇宙に投げかけ、行動を続けろ。宇宙は必ず見ている。

15

相手とつながる秘術「愛してるビーム」を撃て！

愛する人とはもちろん、苦手な誰かともうまくやる秘術、
相手の眉間へ向けた「愛してるビーム！」を
心の中で撃つべし。

人間関係によく効く秘伝の技が「愛してるビーム」だ。
「愛してる」という言葉には自分の心と魂を相思相愛にさせる力がある。そしてこれは、どんな相手に対しても有効だ。反抗期の息子、文句ばかり言う親、自分をぞんざいに扱うパートナー、職場の苦手な上司や同僚に向かって、「愛してるビーム」を撃て！　すぐに効果が出なくても関係性は徐々に、だが明らかに変わっていく。会議でも就職や受験の面接でも、人前に出るときも、相手に向かって「愛してるビーム」を撃つ。そうすれば、撃たれた相手はおまえの最大の味方になる。相手を自分自身だと思い、最大の力を発揮するんだ。「愛してる」は、宇宙で奇跡を起こす幸せの共通語だ。

オーダー後に現れる「ドリームキラー」に打ち勝て！

願いを宇宙にオーダーすると現れるのがドリームキラー。
オーダーが本気かどうか確かめに現れる。
覚悟を決めて「YES」。宇宙からの応援が始まるぞ。

これまで自虐的だったヤツが、急に前向きなオーダーを宇宙に投げかけると、おまえのオーダーを遮ろうとする人間が現れる。「その年齢でそんなの無理でしょう」「何夢みたいなこと言ってんだ、現実を見ろ」「そんなこと本気で考えているのか」など、とにかく批判の嵐になる。こうなったらチャンス！　同じステージにいた人間たちが、おまえひとりだけを抜け駆けさせまいといきりたっている。つまりそれは、その願いがかなうことを表すGOサインだ。そして、オーダーした後に批判の声が相次いだら、それこそ宇宙からの応援の合図だ。自信を持ってドリームキラーに「YES」と答えろ。周りを見るな、後ろを見るな。おまえは前だけ見て行動だ！

17

ここはおまえの人生ドラマ。自分の最強の味方になってやれ！

「あの人より美しくない」「あの人より能力が低い」だと！？
残念だがそれらは全部、幻だ。
そもそも、ここはおまえの宇宙。すべてはおまえなのだから。

「自分に自信がない」「できる気がしない」だと？　変なオーダーとシナリオ設定してんじゃねえ。おまえの宇宙だから、おまえが宇宙一の存在に決まっている。自分に難癖つけている暇があったら、今すぐ、宇宙一の自分がどうやってこの地球を楽しむのかを考えろ。そもそも、おまえがおまえの味方にならずして、いったい誰が味方になってやるんだ。自分の人生を大切に扱い、自分を信頼して心から応援すること。「そうはいっても、自分は劣っているし主役なんて」と、おまえの人生ドラマなのに勝手に脇役になり代わってんじゃねえ。おまえは主役で、応援団長で、監督で、演出家で、脚本家だ。おまえの宇宙、すべてはおまえだ。

18

一寸先はヤミだと!?
間違いなく、一寸先は光だ!

まだ見ぬ幸福よりも、知っている不幸。
人間は、慣れ親しんだ環境を安全だと感じる生き物だ。
未来の光を信じろ!

ものごとは逆から考えると非常にシンプルでわかりやすい。今までのおまえの人生がうまくいっていないというなら、おまえの常識のその逆を選べ。「一寸先はヤミ」という言葉があるが、どう考えても「一寸先は光」だ。宇宙に願いをオーダーしたら、必ず、光り輝く未来が現実として現れる。これが事実だ。未来が怖くて踏み出せない、だと？　一寸先が光に包まれていることを常に覚えておけ。光と知っていれば勇気を持って踏み出せるだろう。もし他人の常識で動いている今に幸せを感じないなら、今こそ自分の願いを軸に動き出すときだ。「もしうまくいかなかったら」は禁句。光り輝く毎日は自分で生み出せるんだからな。わかったか!?

19

「時間ができたらやる」は「絶対やらない」だ！

「お金があったらやろう」「時間があったらやろう」は
麻薬の口ぐせ。お金と時間ができても決してやらない。
今すぐやれ！　何がなくともやれ！

人間が、行動しない言い訳に使う麻薬の口ぐせ。それが「いつかやろう」「お金があったらやろう」「時間ができたらやろう」の3つだ。これらが口ぐせになっている人間は、たとえお金が貯まり、時間ができたとしても、次の言い訳を生み出し、やっぱりやらない。そして、死ぬときに「しまった！」で、終了だ。誰かの言葉に「よーしがんばるぞ！」とテンションが上がっただけでやらないヤツも多い。考えてみろ、お金がなくても外国に移住する夢をかなえるヤツはいるし、死ぬほど忙しくても資格取得に挑むヤツはいるだろ？　お金や時間は待つものではなくつくり出すものだ。何かがなくても、いかなるオーダーも、かなえる方法は必ずある。

20

期待に応えようと「偽オーダー」するな！

「人からうらやましいと思われたい」「かっこいいと思われたい」
なんて、人の目線からの「偽オーダー」をするな。
「自分がどうあることが心底幸せか」ここからブレるな。

「宇宙に願いをオーダーして、必死で行動しているけれど、うまくいかない、楽しくない」のなら、そのオーダーが本当に心の底から望むオーダーかを考えろ。もしも、オーダーして動いているのにどうしても気が進まない、体が動かないと感じるのなら、それは、誰かの期待に応えるため、評価されるために願ったオーダー。誰かの目を意識した、人からのジャッジで決めた「偽物のオーダー」だ。本当のオーダーは、それがかなった場面を考えただけでニヤニヤしてしまうくらいにうれしくて、意欲満々、今すぐ体が勝手に動き出すものだ。人の期待なんて鼻クソだ！「自分がどうあるのが幸せか」をとことん追求し、そこからブレるな。

21

スピリチュアルだと？
とことん現実を生きろ。

スピリチュアルに生きることは、
とことん地に足をつけてしっかりと行動すること。
魔法のように願いがかなうなんて、それこそ幻だ。

スピリチュアルとか引き寄せとかいう言葉は誤解されやすいようだ。「困ったときの神頼み」で何もせずに人生を変えようとする人間が増えた。だが、本来、スピリチュアルとは非常に現実的だ。ふわふわとした世界ではなく、論理的でわかりやすい世界だ。目に見えないが確実にこの宇宙にあるものであり、非常に不思議なものでもある。空気を吸って、人間が生きているのとまったく同じ。宇宙にオーダーし、行動すれば現実になる。非常にわかりやすいシステムだ。だからこそ、「何とかして」と言いながら、何もせずにいれば、何も変わらないし、何もかなわない。本当のスピリチュアルは地に足がついている。とことん現実を生きろ！

22

「悩んでいる」だと？ 行動しない言い訳をやめろ！

悩んでいる人間が動けない、抜け出せないのには理由がある。
それは悩むのに忙しくて行動する時間がないからだ。
逆に言えば、悩む時間がありすぎる暇人だぜ？

悩んでいる人間は実は暇だ。同時に超忙しい。1日のうち、起きている時間じゅう、悩んでいるんだからな。じゃあ、なぜ悩んでいるのか。それは、「悩んでいれば行動しなくてすむから」だ。悩むことを理由にすることで、行動しなくていい口実を得ていると言える。そんなおまえがやるべきことはただひとつ。とりあえず、悩むのをやめて暇になれ！「暇になったら悩んでしまう」だって？それは、自分の中に隙間ができるのが怖いからだ。つまり、孤独だから、悩みで覆い隠している。とにかく、暇になってみろ。そして暇が怖くなったら「ありがとう」を唱えろ。唱えている間は悩めない。そのうち宇宙からヒントが降りてくる。

23

変えるのは誰かじゃない、おまえ自身だ！

「彼が変わってくれたら」「この会社が悪いから」
外に原因を求める限り不幸は続く。だが、
自分が変わりさえすれば世界は一変する。

人のやることが鼻についたり、イライラしたり、「〇〇がもう少し〇〇だったら」「あの人が自分をひどい目に遭わせる」とか、ものごとがうまくいっていない理由やトラブルの理由を、誰かや外の環境のせいにしている限り、幸せは遠いままだ。おまえがいるのは、おまえの宇宙。すべては鏡でおまえが映し出されている。おまえが変わらない限り、人も変わらない。誰かに変わってほしい、誰かのせいだと思うときは、そのまま本当の自分が「変わりたい」と叫び、助けを求める声を上げているのだ。それを無視しつづけたのが今の状況や環境だ。今こそ、自分の声を聞き、自分と約束し、自分の期待に応えてやるときが来たのだ。

24

おまえが幸せにならない限り、誰も幸せになれん！

おまえが生きている宇宙はおまえの宇宙だ。
誰かの幸せを願う以上に、まずは自分が幸せを選べ！
「私は幸せになる」という覚悟が現実を変える。

幼いころ、不幸そうな親を見て育った子どもは「自分だけ幸せになるなんて申し訳ない」なんて思いやがる。一見、家族思いに見えて、これは大いなる勘違いだ。おまえが不幸でいることで幸せになれるヤツなんてひとりもいないと心得よ。それどころか、おまえが幸せにならない限り、負の連鎖が続いていく。「自分が幸せになると親が不幸になる」と思い込んでしまったがために成功することを拒否し、親を安心させようとしたつもりが、結果的に親はいつまでも心配することになるだろうが。今、家族や友人など、周囲にいる人間が不幸なのだとしたら、その原因はおまえが不幸だからだ。まずはおまえが幸せになれ！　なると決めろ！

25

半径10メートルを徹底的に幸せにしろ！

ワイドショーを見て憤ってる場合じゃねえ！
遠い国の不幸なできごとに憤るより、
自分と自分の半径10メートルの幸せのために行動しろ。

人間たちはやたら進化して、本来知ることのなかった地球の裏側の情報まで手に取れるようになった。今じゃワイドショーなんていう人の不幸を楽しむメディアまで存在する。この情報の波に呑まれすぎると、自分には関係のないことで常に誰かをジャッジし、怒り、不幸な口ぐせとオーダーばかりを繰り返すことになる。さらに自分の人生にもそういう不幸なできごとが起きると錯覚するようになり、不安は絶えなくなる。いいか！　常に半径10メートルから目をそらすな。自分と、手の届く周囲の人間たちの幸せを願い、宇宙に願いをオーダーし、行動しつづけろ。世界中の人間が同じことをすれば、世界平和なんて秒で実現できるんだからな！

26

「相手を変えたい」なんざおこがましい行為と思え！

「子どものことが心配」「夫が優しくない」「あの親だから不幸」。
そう誰かを何とかしようとしていないか？
一番怖いのは「セルフネグレクト」だ。

人の心配ばかりし、人の面倒を見ることに熱を上げるヤツに限って、自分のことをないがしろにしている。そして、本当は自分がしてほしいことを、相手にしてやることで、自分のために行動せず、ただひたすら自分だけが搾取されているように感じる。しまいには、自分がしてほしいことを自分にしてもらえている相手に嫉妬心を抱く、なんていう意味のわからないことが起きてしまう。そもそも、相手をどうにかしよう、相手を変えようなんておこがましい行為だ。おまえに変えられるのは、おまえだけ。おまえの面倒を見てやれるのもおまえだけだ。いいかげん自分をネグレクトせずに、自分の声を聞いてやれ。面倒を見てやれ。

27

自分が扱ってほしいように相手を扱ってみろ。

鏡の中の自分に笑ってほしいなら、自分が先に笑うしかない。
まずは自分を丁寧に扱い、相手を丁寧に扱えば、
相手は自然と自分を丁寧に扱ってくれる。

「夫が大切に扱ってくれないから腹が立つ！」「子どもがちっとも言うことを聞かない」「上司が文句ばっかり言ってくる」だと!? それは相手の問題じゃない！

そう思う原点はこれまでのおまえの人生のほうにある。

子どものころ、大切に扱ってもらえなかったり、自分のやりたいことを尊重してもらえなかったり、文句ばかり言われていた心の傷がいつまでも癒されずに、大人になった今でも残っている。その怒りや悲しみを、目の前にいる相手にぶつけていると言える。だがそれでは現実は変わらない。子どものころに扱ってもらいたかったように、まずは自分を大事に扱え。そうすると、自然に相手のことも大事に扱うようになる。現実は変わっていく。

28

落ち込んだっていい！ ただし必ず浮かんでこい！

いいことがあったからご機嫌じゃない。
ご機嫌だから、いいことが起こる。
宇宙はいつでも「根拠」を探して素敵なできごとを起こす。

人間は、人生を楽しむために喜怒哀楽という感情を持つ。イヤなことがあったら怒りたくなるし、小さなできごとに悲しみもする。それが自然なのだ。落ち込んだら静かに心を休める。自分に「そうか、今怒ってるんだね」と、感情を出す許可をしてやるといい。そうして、心が晴れた日は、いい言葉をつぶやいてめちゃくちゃ頑張る。頑張れているときには「いいねいいね！　楽しんでるね！　頑張ってるね！」と自分を褒めていれば、少しずつ、落ち込む頻度や回数は減っていく。ダメなのは、「落ち込んではいけない」と落ち込む自分を否定したり、責めたりすることだ。人間だ、浮き沈みがあったってていい。落ち込んだなら、浮かんでこいよ。

29

ネガティブな自分にも「ありがとう」を言え！

怒りっぽさ、心配性、人見知り——。
ネガティブに感じる性質は、自己防衛の鎧（よろい）だ。
ありがとう、と感謝して静かに脱げばいい。

「異常なほどに心配性」「すぐにイライラしてしまう」「人と打ち解けるのに時間がかかる」一見ネガティブに見える自分の性質は、おまえが幼少期に家庭環境の中で生き残るために身につけた手段だ。その手段のおかげでおまえは大人になるまで生き抜いたとも言える。その自分を守ってくれた鎧が今は、どこか重たかったり違和感を覚えたりするのなら、それが、大人になって合わなくなってきただけのこと。責める必要はない。「私を守ってくれてありがとう。助けてくれてありがとう」と心からの感謝を伝え「もう大丈夫。自分のことは自分で守れるからね」と、古い身の守り方を手放せばいい。責めるよりも感謝。これが鉄則だ。

30

おまえが人生映画の「主役」。勝手に逃げるな！

おまえは人生映画の主役で、監督だ。
勝手に逃げて脇役に回るんじゃねえ。
おまえの人生映画だ。好きにシナリオを書き直せ！

宇宙から見て地球は映画の世界だ。映画を見ている人は、どれだけハラハラしても、突拍子もないハプニングが起きても、必ずハッピーエンドに向かっているのがわかっているから楽しめる。一方で、中にいる人間はそれがリアルだと思っているから達観などしていられない。おまえはその映画の主人公だ。脇役でもなければ、ましてや、エキストラなんかじゃない。おまえのために用意された脚本と、おまえのためのステージ。そして、監督はおまえ。自分次第でどんなふうにでもつくっていける。ホラー？　怪奇サスペンス？　それが楽しいならそれもいい。味わいたいものを、自分でつくっていることに気づけ。人生大逆転映画？　それも痛快だな！

31

オーダーせよ！能力すら与えられる！

今の自分の能力でオーダーを勝手に制限するな。
宇宙へのオーダーに制限などない。
大きく望み、ダイナミックに行動せよ。

宇宙に願いをオーダーするとき、「小さめに」オーダーをする人間がいる。「僕には年収1億円は無理だから、1000万円のオーダーにしよう」「私は人前で話すのは苦手だから司会者は無理だろう」とか、勝手に自分でオーダーをランクダウンさせてんじゃねえ。おまえにその能力がなくても、正しくオーダーすれば能力は与えられ湧いてくる。たとえ自分にその能力がなかったとしても、宇宙が最適な出会いをセッティングして、オーダーを思わぬ方法でかなえてくれることもザラだ。一番ダメなのは、自分の想定内で、小さくまとまったオーダーをすることだ。宇宙の力、おまえ自身の力を小さく見積もってんじゃねえぞ!

「すべては私の責任」決めた瞬間、自由になるぞ！

責任とは重いものでも怖いものでもない。
おまえが取らなくてはならない本当の責任は
「何が起きても受け止めて自分を幸せにする」責任だ！

本来、責任とは取るほうがラクな代物だ。「この人生、すべて自分が責任を引き受ける」そう決めた途端、視界は開け、人生を味わい尽くす勇気が湧く。すべては自分の思うまま。責任もすべて自分にあるのだから、失敗しても、誰かに何かを言われても気にならない。人生の責任を取るのは、実に楽しいことなのだ。責任を取るのが怖いと思うのは、失敗への恐れに起因する。「ちゃんとしなさい」「間違えてはいけない」と言われた幼少期の経験にあることが多いが、「何があってもこの人生のすべては私の責任」と決めれば人は変われる。他の何にも代え難い本当の自由は、責任という名のもとに広がっている。おまえも自由になれ！

33

「あがり」を見ろ。途中で判断するな！

「もうダメだ」「やっぱりかなわない」だと？
せっかくのオーダーを塗り替えるな！
おまえの「あがり」だけを目指せ。

人生はすごろくと同じだ。おまえの前提が「あがり」で、そこに向かってさまざまなドラマティックなできごとが用意されている。「あがり」の設定が不幸だと、途中思わぬ成功をしてみたり、劇的な出会いがあったりするが、結局大どんでん返しが起きて、転落してしまう。逆に「あがり」が幸せな設定であれば、途中、破産しようが、離婚しようが、最後は必ず幸せに結びつく。そう、ゲームのすごろくと違い、途中のマス目は見えないからドキドキだが、結果だけは自分で決められる。そして決めたら、途中どんなことが起きても揺るがない。途中で勝手に「あがり」を変更するんじゃない。そして人生のサイコロは振り放題だ。何度も何度も振りまくれ！

34

「どう思われたいか」より「どうありたいか」に従え！

「うらやましいと思われたい」は危険な感情。
誰かの目線に惑わされるな、
自分から意識をそらすな。

「こう思われたい」という他人の視点でオーダーしてはならない。それはおまえの本当の望みではないからだ。オーダーは世間や誰かの目ではない本当の「こうありたい」でなければならない。コイケのように「洋服屋さんをやってるってかっこいい」と嬉々として洋服屋をやり、結果、借金2000万というのがいい例だ。パートナー選びも、見た目で選ぶのが悪いわけではない。だが「こんなイケメンといると鼻が高い」「誰もがうらやむイケメンだから」という誰かの目線が理由なら、そこに幸せはない。「誰が何と言おうとこの人の顔が好き」ならOK。「この人といると本当に幸せ」と自分が心底思えるか。自分の心の動きを確かめろ!

35

「プチ奇跡ごっこ」で奇跡量産の練習をしろ!

奇跡を体験したことがない人間が
いきなり大きな奇跡が起きると信じられるはずがない。
だから、小さな奇跡をとことん体験せよ!

奇跡を起こしたいなら、まずは小さな奇跡のオーダーから始めよ。いわば「プチ奇跡ごっこ」だ。今日、見たい数字や好きな車、好きな色。それらをオーダーして外に出ろ。すると必ず、その数字、車、色が目に飛び込んでくる。「え？　だって、それって、その数字や色を1日中探してるからでしょう？」と思ったヤツ！　そうだ、その通りだ！　人間は明確なオーダーをすることによって、望んだ結果を見つけられるようになる。もともとその能力は誰もが持っているのだ。引き寄せているんじゃないし、魔法でもない。奇跡っていうのは、ただ、そこにあるものをきちんと見るかどうかがすべてと言っても過言じゃない。今すぐやってみろ！

36

心配するな、問題と解決法は、いつもセットで現れる！

問題に押しつぶされそうなときこそ、目を凝らせ。
解決法は必ずある。なぜなら、宇宙には、
問題が発生すると同時に、解決法も存在しているからだ。

ロールプレイングゲームをやっていると、イベントが発生し、問題を解決するためにさまざまな場所へ行き人に話を聞くだろう？　すると、「村の東にある祠のドアを開けろ」なんて言ってくる。そして、おまえがゲームの主人公を村の東に連れていくと、ちゃんと祠があって、ドアがある。宇宙もそれと同じだ。おまえが問題にぶつかったら、それはゲームのイベントだ。そして、それを解決する術は必ず用意されている。だが、多くの人間は、問題にばかり目がいって、それを解決するための方法を探しに出かけることをしない。外に出て目を凝らせ！　頭を使え！　必ず、エンディングに向けたヒントがあちこちに見つかるはずだ。

今を100点と決めろ！
生きてる限り加点方式だ。

自分のことをちょっと減点しすぎじゃねえか？
今この瞬間、おまえの状態は100点だ！
そもそもおまえは満点だし、人生のテストは加点方式なんだよ。

人間は、評価にこだわり、減点ばかりする。まあ、ネガティブに敏感でなければ、命を落とすのが動物だからしかたないとも言える。だが、そもそも魂は、地球で起きるできごとすべてにワクワクし、存分に楽しんでいる。どんなできごとも、それを経験したくて地球にやってきたからだ。だから、たとえ今は能力のないおまえであっても、どん底にいたとしても、宇宙から見ればおまえの人生は「大成功」「100点満点」だ。イヤなことがあったら、減点するのではなく、加点することに目を向けよ。人生は減点方式ではない。そもそも経験したくて来た以上、どんなネガティブに見えるできごとでも、「それを体験できた」という時点で加点なのだ。

38

目に見えずともオーダーはある。宇宙は確かに受け取っている。

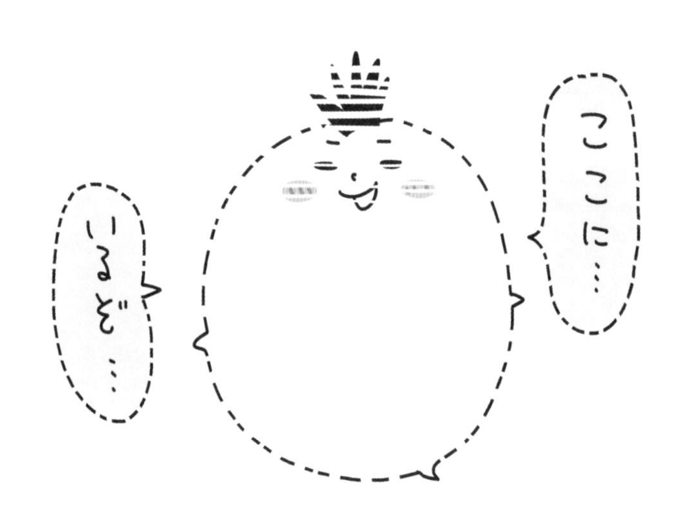

目に見えない力は、見えないからこそ勘違いしやすい。
宇宙は、空気と同じ。
見えずとも確実にそこにある。

いいか！　目に見えない力というのは、目に見えないからといって「ない」わけではない。ましてや、魔法や超常現象のようにあるかないかわからない、うやむやなものでもない。空気と同様に、見えてはいないが確実にそこにあり、人間を生かしているものだからな。「見えないから空気はないし、僕は空気によって生かされてはいない」なんてヤツがいないのは、見えなくてもあることを知っているからだ。宇宙も、宇宙へのオーダーもそれと同じ。目に見えずとも、確実にそこに存在し、現実をつくる。あるものをあると言えるか、ないと言い張るか。おまえの自由だが、どっちを取るかで結論は真逆だ！　あると認め、信じろ！

心は安心したがるが、魂は冒険したがっている！

やってみた人生、やらなかった人生。
それはまったく別物だ。
「心」にだまされて、「魂」の望む冒険をやめてはいけない。

人の「心」はいつだって安心して暮らしたい。だが、「魂」はいつでも冒険したがっている。どんなことも体験したいし、あらゆる感情を経験したい。なぜならそれこそが魂が肉体を持って地球にやってきた理由だからだ。本気で人生を変えたいのなら、新しい経験をすることが必要不可欠だ。成功か失敗かは関係ない。あるのは、やってみた人生か、やらなかった人生か。それだけだ。「いつかやりたい」と思っていることがあるなら、今すぐ手をつけやがれ。不可能だと思っていることは、行動しないから不可能なのだ。一歩踏み出せば、可能になる。踏み出した人間だけに次から次へと実現するためのヒントが降りてきて、人生は一気に加速する。

40

その日は必ずやってくる！
動け！　動け！　動け！

「その日は必ずやってくる」という言葉は本当だ。
今日やろうと思っていたことにさらにもう1段ギアを上げて
とことん動け。どこまで信じ、動きつづけられるかだ。

夜明け前が一番暗いと言われるように、ものごとが大きく動く直前は、たいていどん底だ。おまえが行動し、できることをやり尽くして八方塞がりになったそのとき、宇宙は嬉々として「ドラマティック参上！」と奇跡を起こしてくる。打つ手がないときほど、動くのをやめるな！　いいか、イヤなことが起きたら「これで願いがかなったぞ！」と叫び「ありがとう」を言え！　その先にあるドラマティックな奇跡を思い描いて、ニヤニヤすればいい。宇宙はその斜め上から驚くような奇跡で、オーダーを実現させるからな。思いつくことをすべてやり尽くしたその後に、おまえの小さな脳みそでは思いつくはずがないくらいのエンディングを、宇宙は用意している。

41

どんな小さなことも自分で決めろ。

誰かに決めてもらいたいだと？　アホか！
地球で過ごす意味は、自分で決断して、
自分の意思で行動し、体験することにある。

「自分のことを自分で決められない」と言うヤツがいるが、実のところ人間は、誰もが完璧に自分の思ったとおりに生きている。これは例外なくすべての人間がそうだ。

だから、自分で決められないと言う人間は、「自分が決めずに誰かに決めてもらった」という自分の決断によって起きるすべてから、逃れることができない。「あの人が言ったとおりにしたのに」と悔やんでも、結局は自分の人生への責任を自分で負うことになる。そして、「いつも自分の思ったとおりには生きられない」というオーダーどおりの人生を歩みつづけることになる。それでいいのか、今一度考えてみろ。どんな選択も結果も、自分の望みどおりだということを忘れるな。

待つな、こっちから動け！
レッツ・チャレンジだ！

人生を変えるオーダーをすると、
必ず、宇宙からのヒントは降りてくる。
だが、おまえが何もしないなら、現実は変わらない。

オレは常々、幸せな未来をイメージするのが大事だと言っているが、「いつかこうなったら」と部屋に閉じこもって頬杖ついてる場合じゃない。オーダー後の宇宙からのヒントを頼りに、とにかく行動せよ。無数のヒントを手あたり次第に行動に変えていく人間が、最終的に願いをかなえる。シンデレラだって城に乗り込んだし、片方のガラスの靴を「私にも履かせて」とアピールしただろうが。ただ待っていただけではないということだ。願望実現には行動が不可欠だ。「いつか見つけてね王子様」「私はいつかビッグチャンスをつかむはず」では、いつまでたっても変わらない。大切なのはチャレンジだ。試しにでいいからやってみろ！

43

おかげ様を頼れ！
ひとりで抱え込むのは罪だ！

自分さえ我慢すれば、自分さえ頑張れば、
なんて、ひとりで抱え込んではいけない。
宇宙を信頼せよ、「おかげ様」を頼れ！

宇宙には願いをかなえるための人材を派遣する神様ネットワークや、文字どおり赤い糸をつなげてくれる仲人ネットワークが存在する。これらすべてが「おかげ様」として人や状況を動かし、オーダー実現にあらゆる形で嬉々として協力してくれる。しかし、ドM人間はなぜか、全部を自分で抱え、できもしないことを、歯を食いしばって何とかしようとする。結局最後に「できてません！」と、周囲に迷惑をかけてしまう。完璧主義のせいで本末転倒だ。自分ひとりで抱え込んではいけない。おまえの周囲には、多くのおかげ様がいるということを思い出せ。宇宙にきちんと頼ることも、おまえの大事な仕事だと知れ！

「私をこう扱って」おまえの顔に書いてあるぞ！

「ぞんざいに扱われている」「不当だ」と思うとき、
おまえも自分をぞんざいに扱っているということ。
大切に扱われたいなら、まずおまえが相手を大切に扱え！

人はいつも自分の取り扱い方を周囲に示して生きている。まるで、顔に書いてあるように明確にだ。言い方を変えれば、おまえが人を扱うように、人はおまえを扱うということだ。おまえが今、人間関係に悩んでいるのなら、相手に働きかけるより、おまえが自分を扱ってほしいように、自分自身と、相手を扱うのが先だ。「自分の意見を聞いてもらえない」と思うなら、まずは相手の意見をしっかり聞いてみる。さらに、自分の意見を自分で聞いてみる。「パートナーから大切に扱われたい」なら、パートナーを大切に扱う。そして、自分のことを大切に扱う。そうすることで、扱われたいように扱われる人間になれるかららな。

45

誰より自分をガッカリさせるなよ!

自分の中の本当の自分を声をないがしろにするな。
おまえのその行動に「素敵!」と言ってくれるか?
誰より自分をガッカリさせんじゃねえぞ。

「お金がないから」という理由で、本当は行きたい場所に自分を行かせてやらなかったり、「自信がないから」という理由で、やりたいことに手を出さなかったり。その様子を見ているおまえの魂は泣いているぞ！　自分の心の声が「ガッカリだ！」と思うような選択は今すぐやめろ。路上にゴミをポイ捨てしたり、席を譲らず寝たふりしたり、あいさつしないなど、「こんなことしちゃうの？　自分」とおまえの心がガッカリしてしまうような残念な行為は改めろ。おまえの中の「本当の本当の本当のおまえ」が、「かっこいい！」「私って素敵！」と、手を叩いて喜んでくれる選択の積み重ねこそが、おまえの波動を上げ、運気を上昇させていく。

46

できるかできないか、じゃない。やるしかないんだ！

「できなかったらどうしよう」でも
「もう少しできるようになったらやろう」でもない。
しのごの言わずに今すぐやれ！

多くの人間が死ぬときに「あれをやっておけばよかったー！」と思いながら宇宙に戻ってくる。そして、また「地球に行きたい！　今度こそいろんな経験をしたい」なんて言いやがる。だから、今地球にいるヤツは忘れるな！　失敗したことより、行動しなかったことのほうがよっぽど後悔するということを。今の自分の小さな枠と経験知識とで「できなかったらどうしよう」なんて考えないことだ。それに「いつかやろう」「こういう状況になったらできるかも」なんて、先延ばしにするんじゃない。思いついた時点で、それをやる能力はすでに宇宙に存在しているし、やるべきタイミングだということだ。安心して宇宙に任せて、「やる」を選べ！

47

「やっぱりダメな自分」は口ぐせでぶち壊せ！

「明日はやろう」「やっぱりできなかった」
こんな口ぐせで
「やろうと思ってもできない自分」の幻影をつくるな！

子どものころ、テストの点数が悪くて叱られたり、部屋の片づけができなかったり、夏休みの宿題がぎりぎりまで終わらなかったり……。「やっぱり間に合わない」「やっぱりできない」「ほら無理」なんて自分自身への口ぐせを繰り返した結果生まれたのが、「やろうと思うけれど動けない自分」「やっぱりダメな自分」という幻影だ。自分への信頼を失ったんだ。だがな、よくよく自分の中の本当の本当の本当の声を聞いてみろ！　おまえはできる。おまえを信じているおまえがいる！　一番最初にできる自己変革の方法が、口ぐせを変えることだ。「私はできる」を口ぐせにしろ。口ぐせは暗示だ。自分への負の催眠はもうやめて、目を覚ませ！

どんなとき も「なんか楽しい」とつぶやけ!

「なんか楽しくない」と言いたくなったらすぐに、
「なんか楽しい」と言い換えろ!
いつだって発信が先、受け取るのは後だ。

人間は自分の言葉に呼応して、脳の動きが変わり、心が変わり、行動が変わる生き物だ。だから、言葉として発したり、心の中でよくつぶやいている言葉は、司令塔のようなもの。口ぐせで人生が決まり、また口ぐせで人生を変えていけるしくみがこれだ。「なんかイヤだなあ」「つまんないなあ」とつぶやけば、心は鬱々とし、脳からは行動するための指令が出なくなる。目の前のことはどんどん悪いほうへと転がる。反対に、退屈なときこそ「なんか楽しい」とつぶやけ。楽しむための材料が見つかり、心が躍動し、脳が行動の指令を出す。そのうち「なんか本当に楽しい」と言える状況へと好転する。だまされたと思ってやってみろ。

小さな一歩、不格好な一歩をどれだけ繰り返せるかだ。

どんな成功にも、最初の小さな一歩がある。
才能も年齢も経験も関係ない!
いびつな一歩を繰り返し続けろ!

人間は、成功している人を見て「この人だからできたんだ、特別なんだ」と思いがちだ。だが、誰にでも最初の一歩が必ずある。絶対にだ。人生のどこかで何かの一歩を踏み出し、子どものころからコツコツ続けた人もいれば、大人になって遅咲きで大成功した人もいる。それまでやってきたことを全部捨てて本当にやりたいことで成功した人もいる。おまえが憧れる人の最初の一歩にこそ、おまえがほしがっている人生大逆転のヒントがある。その人の言葉を浴びろ。身近な人間なら会いに行け！　最初の一歩は大掛かりなものでなくていい。小さな一歩、不格好な一歩でもいい。さらには、何度でも「一歩」を踏み出していいことを忘れるな。

50

「イヤだ」もオーダーだ！かなっちまうぞ！

ネガティブな口ぐせはやめろ。
口に出すことすべてはオーダー、
おまえの本心などあずかり知らず、宇宙はかなえてしまうからだ。

宇宙は、人間が発した言葉のエネルギーをそのまま増幅させる装置だ。だから「イヤだ」もオーダー。「好き」もオーダーだ。ジャッジを挟まず、言葉のエネルギーを純粋に増幅させ現実にするだけだからな。「イヤ」と言えば「イヤ」が増幅されて現実になるし「好き」と言えば「好き」が増幅されて現実になる。だから、ネガティブなことは口にしない。想像もしない。どうしても「イヤだな」「怖い」が浮かんでくるときは、すかさず「ありがとう」「愛してる」だ。つぶやいている間は「イヤだ」「怖い」と言わなくてすむからだ。そのうち「ありがとう」が「イヤだ」を上回り、少しずつ宇宙に発信されるオーダーも変わっていく。

宇宙はいつだって「先払い」、先に差し出せ、発信せよ。

受け取りたいなら、まずは差し出せ。
宇宙のしくみは常に「先払いの法則」、
アウトプットしてはじめてインプットできる。

願望を実現したいなら、常にアウトプットを意識せよ。

「まだ技術が足りない」「きちんと学んでからでないと」と思うとき、すでにアウトプットの時期はやってきたということだ。本来、インプットとアウトプットとはセットだ。なぜなら、これは宇宙の法則。宇宙はいつだって「先払いの法則」で回っている。自分から外に向けて発信することで、より入ってくる。発信して、また受信。この繰り返しで能力は育つ。「技術的に足りない」という段階であっても、やろうとしていることを公表し、アウトプットしていけ！　思い描けたことはすでに宇宙に存在しているということ。まずは出すことだ。こうして得られる結果は大きい。

52

いつ何どきも、愛と喜びを思い描け！

宇宙へのオーダーや行動は、いつも愛や喜びが先だ。
失うことへの恐怖から行動すれば必ず失う。
「恐れ」からでなく、「喜び」から行動しろ！

「もしも老後のお金がなくなったらどうしよう」「もしこのまま結婚できなかったら」「やっても失敗するかも」そんな恐れはすべて、宇宙へのオーダーとなる。悲しいかな、恐れからは恐れしか生まれない。最初に設定した感情こそ、おまえのオーダーのたどりつく先だ。恐れから発したオーダーは、恐れの結果をもたらす。幸せを得たいなら、どこにいれば、何を得ていれば自分が心の底から幸せで、安心して、豊かに暮らせるのかをリアルに思い描くことだ。そして、顔がニマニマして元に戻せなくなるほどの喜びが感じられたら、それを宇宙にオーダーすればいい。愛からの発信は、必ず愛を増幅させ、愛で戻ってくるからだ。

53

すべてのできごとは いいも悪いもおまえ次第だ！

本来、起きたことには意味はない。
そこに意味をつけるのは、人間だ。
すべてにポジティブな意味づけをしろ！

雲を見ては「龍だ」と喜び、黒猫が前を横切れば「不吉」だと？　本来、できごとそのものに意味なんてない。すべてのものに意味がある、と、勝手に意味づけしているのは人間だ。起きたことや見た光景に、意味をつけるなとは言わないが、つけるなら、一貫していい意味づけをしろ。同じできごとに、よい意味づけをしている人間と、悪い意味づけをしている人間と、どちらが幸せな人生かは明白だ。結局、悪い意味づけは口ぐせになり、宇宙パイプをつまらせる。もともと意味などないことのせいで、どんどん不幸になる必要はない。目の前に起こるすべては、いいこと。おまえのオーダー実現のサイン。そう決めて生きる人間が奇跡を起こす。

54

未来のどの自分と契約するか。それは自分で決められる！

どれだけ突拍子もないことも、
絶対にかなわなそうな夢物語も、
思い浮かんだ時点で、宇宙のどこかに存在している。

おまえが想像できるものごとは、この宇宙に漂うおまえ自身の記憶だ。つまり、想像できるということは、すでにこの宇宙のどこかにその「現実」が存在していて、かなえているおまえがいるということ。大金持ちになって心豊かに暮らすおまえもいれば、借金まみれで瀕死のおまえもいる。その中で、どの自分をオーダーするかで、道のりは変わり、行動も変わる。未来の年収1億の自分の手か、借金5億の自分の手か、差し出されたどの手と固い握手をするのかはおまえの自由だ。自由に選んで体験することができるし、必ずかなう。ただし、宇宙から降りてきたヒントを受け取り、素直に行動に移し、最後まで信じきること。

55

自分に制限をつけるのを、今日からやめろ！

自分を蔑み、自分にダメ出ししつづけ、
そのくせ、自分を一切褒めない。
それじゃあ幸せをオーダーしてもキャンセルしまくりだ。

自分を制限しまくるのは、そこにメリットがあるからだ。たとえば、やりたいことがあるのに年齢のせいにして動き出さないヤツのメリットは「やりたいことをやって失敗することを避けられる」こと。その根元は、大抵の場合、育った環境にある。自分に最初に難癖をつけたのは誰だったのか思い出してみろ。「今さら」を口ぐせにしていた母親がいるなら勝手に年齢制限を設定して夢をあきらめるだろうし、いつも何かに難癖をつけて不幸そうな母親を見ていたなら心の奥底で「私だけ幸せになるなんて悪い」と思う。不毛な不幸ぐせは今すぐやめろ！　失敗なんて屁でもないし、おまえが幸せにならない限り誰も救われないからな。

56

それは、明日の自分に褒められる決断・行動か？

人間に変えられるのは常に今だけだ。
昨日を後悔せず、今をしっかり生きろ！
未来からの情報をキャッチして進め！

DMM
オンライン
サロン

小池浩の「乗り込め！ 願いをかなえる宇宙船」

みなさんと一緒に、こんなことやあんなこと、
まるごとぜんぶ、実現しちゃいます！

✓ 毎日配信の「小池フレーズ」で願いがかなう近道に！
✓ 月1回、テキストや動画で願いをかなえる奥義を直伝！
✓ クルー限定の小池浩講演会に参加できる！
✓ オンライン質問会で、小池浩を質問攻めにしてもOK！
✓「ありがとう部」「婚活部」など超参加型企画が盛りだくさん！
✓ なんと、小池浩の新刊製作に参加できる！
✓ 新刊の中でエピソードとして登場できる権利が得られる！
✓ 新刊書籍内に「特製クレジット」、
クルー全員のお名前が入る！
✓ ともに作り上げた書籍を1冊プレゼント！
特製サイン、シリアルナンバー入り。
✓ 願いがかなう宇宙船に乗れる。プライスレス！

大事なことを覚えておけ。時間は過去から未来に流れてはいない。川の中に立つと、川上から川下に向かって水が流れているように、時間も未来から過去へと流れている。そして、常に「今」は一瞬で通り過ぎていく点だ。リアルな物質の世界、地球上でおまえが変えられるのは「今」だけだ。過去のことを後悔するのも、過去の自分に文句を言うのも不毛だ。明日の自分から感謝されるような今日、今この瞬間を生きろ。「どうやったら明日の自分が喜んでくれるだろう」と考えて今すぐ行動する。そして明日になったら「昨日の自分のおかげだ」と感謝する。これの繰り返しが、オーダーを実現させていく。今をしっかり生きずに未来があると思うなよ！

57

「お金っていいよね」とつぶやき続けろ！

口ぐせを変えてもお金の悩みが尽きないなら
おまえ自身が「稼いではいけない」とお金を拒否している。
お金を稼いでいいと自分に許可を出せ。

幼いころに、お金に苦労する親を見ていたりすると「お金は汚い、お金はろくなことを生まないもの」と、純粋な子どもも心で決めてしまうことがある。その決意たるや、宇宙も驚く頑固さだから恐ろしい。さらに厄介なのが一度決めたら思考で変えようとしても自分の意識で変えづらいということだ。この強力な前提は、宇宙へのオーダーを妨げ、どんなに口ぐせを変え行動を変えてもお金に苦労する現実が変わらないということが起こる。

まずは自分に伝えよ。「お金を持つことで幸せになるか不幸になるかは、私が決める」「私がお金を得、豊かになることで周囲は幸せになる」と。「お金っていいよね」を口ぐせにし、お金を受け取る決意をしろ。

58

怒らせるのは誰かじゃない！おまえ自身だ！

「あの人のせいで」だと!?
誰も、おまえの感情を操れない。怒らせも悲しませもできない。
悲しむも、怒るも、笑うも、おまえの勝手だ！

相手のせいにするか、自分がやっていると思うか。とらえ方でものごとは180度違って見える。誰かのせいで不快になった、環境のせいでダメになった、自分以外に理由をつくれば、それはラクかもしれない。自分の人生に責任を取ることなくグズグズ言ってりゃすむからな。だけどそれで、人生終わるときに本当に後悔しないか？「あの人のせいで何もできなかったぁぁぁぁぁ……」チーン（ご臨終）、だぞ？　本当にいいのかそれで。本来、人は誰かに傷つけられたり、悲しまされたりはできない。相手の言動に、そう反応する自分がいたというだけだ。自分の人生を今すぐ取り戻せ、誰かに舵取り（かじとり）を奪われるな！

59

迷ったら、未来の自分に聞け！確実に今やることがわかる！

どうしたらいいかわからないとき、
未来の自分に問いかけろ。
おまえは本当は、明確に知っているのだ。

おまえが宇宙に願いをオーダーしたということは、すでに、その願いをかなえた未来のおまえが宇宙には存在しているということだ。だから、おまえ自身に、宇宙からのヒントは何かを問いかけてみるといい。椅子をふたつ用意し、片方に未来の自分を呼び出し、今の自分と会話をさせるのもひとつの方法だ。「どうやったら、君にたどりつける?」「未来のあなたは、このどん底をどうやって乗り切ったの?」と、率直に聞いてみることだ。それはそのまま、おまえの「本当の本当の本当のおまえ」の存在との会話とも言える。誰だって、未来の自分からのメッセージを、必要なときにいつだって読み込めるようになっているのだ。

60

女は男を信頼し、男は女を愛で守れ！

女は男を、手取り足取り面倒見てはいけない。
男は、自分が選んだ女神をぞんざいに扱ってはならない。
女は女神で、男は騎士だ。

世の中にはダメ男ばっかり引き当てるヒロミのような女がいるが、これは、ダメ男を引き寄せているのではなく、もはや生産していると言える。女は本来、男にとって女神でありつづけるべきなのだが、できていない。「あなたのために頑張るわ」「お金は私が」なんて言ってたら、男は活躍の場を失いどんどんダメになっていく。女が男にできる応援は、手を出すことではなく、男を信じて任せること、男に女を大切にするチャンスを与えることだ。そうすると男は嬉々として能力を発揮し、できる男に変身していく。男は本来騎士である。自分の大切な女を女神として扱い、守り、幸せにする心意気でいると、パートナーシップはうまくいく。

「状況が変わらない」だと?
それがおまえのオーダーだからだ!

かなわないことによって、
何かがかなっている。
それこそが変化を妨げている。

結果を決めて、宇宙に願いをオーダーしたのに、変われないのなら、「変わらないことによってかなっている真のオーダー」に気づくべし。たとえば、好きなことで独立すると決めたのにかなわないとき、独立しないことによって得られていることがあるはずだ。「責任を負わなくてすむ」「不安定な生活にならなくてすむ」「仲間と離れずにすむ」などさまざまだ。結婚をオーダーしながら結婚に結びつかないときは「親をひとりにせずにすむ」「自由を奪われずにすむ」などの、オーダーの陰に隠れた真のオーダーがかなっている。停滞を感じたら、「変わらないことで、自分は何を得ているのか」を自分に問え！　それが真のオーダーだ。

まだ早い、と感じることこそ一刻も早くやるべきことだ！

もう少し実力がついたら？　３キロやせたら？
理由をつけてやらないことは、
永遠にやらないぞ？

おまえが「これは自分にはまだ早いかな」と思ったことは、もうすでに、動き出す準備ができている。むしろ遅いくらいだ。なぜなら描けたものは宇宙に存在するからだ。今やらないと永遠にしない。「あのときならできたのにな」と言って人生終わるのが人間の常だ。「いつかやってみたいけど今できていないこと」は、言い換えるなら一刻も早く手をつけるべきこと。時期が早いのではなくて、やらない理由を並べてここまできてしまっただけだからな。「でも、まだ準備ができてないし」だと？　準備などというものは、オーダーして、行動していたらいつのまにかそろっているものなんだよ！　動かないからそろわないのだと知れ。

63

お金を払うときは、「嬉々(きき)として」払え！

宇宙はすべてにおいて先払いの法則。
お金がほしければ、お金を払え。
「戻ってこなかったらどうしよう」は禁句のオーダーだ！

お金を支払うとき、実はその何百倍もの豊かさを受け取っている。たとえば電気代。今からおまえらが電気を生み出すべく、エジソンのように研究し、電力会社をつくって電信柱を立てて電気を供給しようとしたら、いったいどれほどのお金がかかることか。それが、月数千円、数万円で、ボタンを押すだけで電気がもらえる。これがどれほど豊かでありがたいことか。つまり、お金を払うことは、豊かさをお金と引き換えに受け取るということ。ありえないくらいニコニコの満面の笑みで、お金は払うべきものなのだ。「お金がなくなっていく」ではなく「このお金がお金以上の豊かさをくれた！」と叫べ。それがお金を感謝して使うということだ。

64

お金は「使い道」と「入金期限」を定めよ！

宇宙にお金をオーダーするなら、
「金額」と「期限」、そして「使う用途」をとことん明確にしろ。
自分はそのお金を受け取る価値がある人間と心の底から信じろ。

お金が入ってこないのは、自分にそれを受け取る価値がないと決めつけているからだ。まずは、受け取り許可を自分に出せ。そして、入ってきたお金をどう使うのかをリアルにイメージし「絶対に私がそのお金を用意してあげる」「私が稼がせる」と自分に約束することだ。コイケだって借金がまだ1千万以上もあるのに「心理学の講座を受けて、宇宙のしくみと合わせてもっと幸せな人を増やしたい」とリアルに使い方をイメージしたよな。だからこそ講座分のお金が前日にぴったり集まるという奇跡が起きた。そして貯まったお金をイメージしたとおりに心理学の講座に使ったからこそ、思い描く現実を手に入れた。おまえにだってできる。

65

中年こそ大きな夢を描け!

若者の夢は妄想であることが多い。
ある程度生きてきた大人が見る夢は、本物だ。
本当のおまえの夢をオーダーすべきときが来たぞ!

歳のせいにして「できない」などと言い張るヤツがいる。実は、人間が経験不足の若かりしころに描く夢は、オーダー自体も脆い。オーダーし、がむしゃらに行動し実現してみたら「これじゃなかった」ということだってある。さらに、夢や理想は、経験を積むと変わってくる。ある程度の経験を積んだ大人が、自分という人間を理解し、「ああ、自分って本当はこれが好きだった」「あれがやりたかった」と願うものこそ本物だ。夢は若いから持つものじゃない。中年だからこそ、願え！　オーダーしろ！「さすがにかなわないだろう」ということだって、正しくオーダーし行動すれば、宇宙が斜め上から、ドラマティックにかなえてやるぜ！

66

宇宙には
すべての可能性が存在する！

「この大学じゃないとイヤだ」「この会社じゃないとダメだ」
「この人じゃないとダメだ」は、全部幻想だ。
しがみついてないで、手放してやれ。

　宇宙には、あらゆる可能性とそれが形になった世界が同時に存在している。ということは、おまえがほしくても手に入らなかったその世界を手に入れたおまえも、存在しているということ。だから、「手に入らなかったから幸せになれない」なんて幻想だ。おまえを振った相手と、幸せな結婚をしたおまえだって宇宙には存在する。無数のおまえが、あらゆる体験をして、宇宙に帰るとき「おまえはあいつと結婚したのか？」「プロ野球選手になったの？」なんて言いながらお互いの経験を共有して宇宙に帰ってく。だから、執着する必要なんかないぞ。おまえは他のおまえにできない経験をして、豊かな人生を送ればいい。今世の「おまえ」を楽しみ尽くせ！

チンタラすんなよ。命短し、遊べよ人間！

「いつか」「そのうち」だと？
あっというまに、夕焼け小焼けで宇宙に帰る時間だぞ？
残念だが、人間の死亡率は100％だ。

人間は行動を楽しむために地球に来ている、いわばツーリストだ。なのに、引きこもったり、行動せずにだらだらしたり、悩んで時間をつぶしたり、いったい何しに地球に来たんだ!? おまえらの究極の目的は、人生が終わるときに「あれもあった、これもやったな、めっちゃくちゃ楽しかったなぁ～～」と言って走馬灯を見ながら、「ありがとう地球!」と宇宙に戻ること。そして、「遊び尽くしたデータ」を宇宙に渡すことだ。なのに、行動せずして終わってどうする? 人生の成功とは、失敗のない人生でも、平穏無事な人生でもない。「ああしとけばよかった」がない人生のことだ。命は短い、地球をとことん遊び尽くせ。

68

何より不毛なのは過去の自分へのダメ出しだ。

過去の自分に難癖つけてたら、
宇宙からのヒントなんて見逃すぞ。
おまえが今、どう考え、どう動くかだけだ！

いいか！　「あのとき頑張っていたら今が変わっていたのに」なんて、過去を憂いたり、過去の自分に文句ばっかり言ってるんじゃねえ。10年後も同じように「10年前だったら間に合ったのに」なんて言ってる自分を想像してみろ。身震いするだろうが。そうしているうちにあっというまに寿命が来ちまうぞ。明日の自分から心底感謝される今日を生きろ！　「どうやったら明日の自分が喜んでくれるだろう」と考えて今すぐ行動するんだ。

そして、明日になったら、昨日の自分を一切責めずに「ああ、昨日の自分、本当にありがとう」と言い、「さあ、今日は、どう行動しようか」と自分と相談しろ。今日からやれよ！　わかったな！

69

「幸せ！」「楽しい！」は今すぐ自分が決めろ！

楽しい、うれしい、幸せ。
どんな状況も、今すぐ自分で決められる。
いつでも楽しくする、と決めるんだ。

おまえの幸不幸は、他の誰かが決めているわけではなく、100%おまえ自身が決めている。日々どんな気持ちで生きるのか、それだって今すぐ決められる。今の状況が望んでいない状況だったとしても「ああ、幸せ」と思うのは自由だし、楽しんでいい。常に幸せや楽しいという感情を選べ。なぜなら、そのうちに宇宙が「感情に現実を合わせにくる」からだ。「どんなことがあっても幸せ」と決めてしまえ。幸せという大前提で毎日を生きてみろ。今まで「不幸」という色眼鏡で見ていた世界が「幸せ」という色眼鏡を通して、小さな幸せに焦点を当てはじめる。そう、幸せはできごとから来るのではない。おまえ自身の設定から来るのだ。

70

「幸運の椅子取りゲーム」は存在しない。

奇跡に定員はない！　おまえが生きるのはおまえの宇宙だ。
おまえがあぶれる案件は存在しない。あぶれたのだとしたら、
それは、おまえのオーダーには必要がないと考えろ。

誰かに奇跡が起きたから、おまえにはもう起きないということはない。年収1億円の人が人口の0・02%だとしてもだ。おまえのオーダーが正しいのなら、真のオーダーならば100%現実になる。奇跡は椅子取りゲームではないのだ。人間はそれぞれの宇宙で生きている。奇跡は望んだ人間の数だけ、オーダーの数だけ起きるのだ。「誰かが手に入れたから自分の分はない」という思いがあるとそれがオーダーとなり、自分には奇跡が起きず、人には起きる、という現象が起きる。明確なオーダーは、宇宙がそれを現実化する。現実化しないなら、そのオーダーは自分に必要ないということだ。宇宙は本人が心底信じる「人生の前提」を証明せずにはいられないのだ。

71

押してダメなら引いてみろ！「逆」を常に考えろ。

人間の心理は複雑なようでシンプルだ。
実は、逆が正解だったりする。
うまくいかないなら、まず逆を考えろ！

問題は大抵、逆から考えると解決するようにできている。たとえば、ワーカホリックに陥っているときは、「仕事に押しつぶされそう」なのではなく、「仕事で埋めていることで何を見ずにすんでいるのか」に目を向けよ。自分を苦しめる相手と離れられないときは、「自分を苦しめたくて、自らその人をそばに置いている」と考える。苦しいのにやめられないことというのは、それによって何かを得ているということだ。「やめようとしているのにやめられない」とはまやかしで、本当の理由は「やめないことによって助けになっていることがある」ということだ。それを見つけ出さない限り、苦しみは続くぞ！常に逆を考え、根源を見つけろ！

72

「好きなことだけすればいい」!?
バカも休み休み言え!

宇宙へのオーダーは、引き寄せとは言えない。
なぜなら、「決める」という覚悟と「行動」が必須だからだ。
寝て起きたら願いがかなっているはずがない。

最近は「やりたくないことはやらない」「好きなことだけやっていればうまくいく」などと耳にするが、それは「オーダーの達人」のセリフと言っていい。正しくオーダーし行動できる人は、はたから見ると「引き寄せ」ているように見えるだろう。オーダー初心者は、オーダーしてから宇宙のヒントを受け取り、それを行動に移すとき、変化への恐怖の壁に当たる段階が必ずやってくる。そのときに「これは嫌いだからヒントではないはず」「やりたくない」と行動しないと、いつまでたってもオーダーはかなわない。心の底からほしいものを手に入れるためには、やらなければならない努力という行動が必ずあるのだ。

嫉妬に反応するな！エネルギーを奪われるぞ！

人間のマイナス感情で、恐ろしくしつこいのが嫉妬だ。
人のやっかみにいちいち反応していたら、動けなくなるぞ。
それよりも、軽やかにかわして我が道を行け！

お金というヤツは厄介だ。多くの人間がお金を成功や幸せの象徴だと思い込み、それを持つ人間に嫉妬して、心ですがり、たかるからだ。だから、お金が入ってこない、貯まらないとか、あってもうまくいかないというときは、誰かからの嫉妬のエネルギーにさらされて、気づかないうちに足かせをつけられているということもある。嫉妬の亡者たちは、身近な相手や自分が下だと思っていたダメ人間が奮起してステップアップすることが許せない。相手を自分と同じ、または下だと認識し、安心したいからだ。相手がいちいちおまえに正当な顔をしてイヤミを言ってくるぞ。「受け取らない」とつぶやき、相手の嫉妬をかわすイメージをしろ！

74

自分との小さな約束を、今日やり直せ。

自虐口ぐせで、自分の中の本当の自分は傷つき
「やる」といってやらなかった自分に落胆する。
自分との小さな約束を守って自分の信頼を取り戻せ。

自分の可能性を誰よりも信じ、期待すべきは自分自身だ。だが、おまえはこれまで自分との約束をさんざん破り、自分に自虐的な言葉を浴びせてきた。おまえの中の本当のおまえは、過去に何度も、やると言ってやらなかったおまえに落胆している。信頼を取り戻さない限り、おまえと本当のおまえは仲直りできず、願いもかなわない。「今日じゅうにこれを終わらせる」「週末はおいしいものを食べに行く」、どんな小さいことでもいい。自分と約束をし、それを守ることで信頼を取り戻せ。本当の自分が「この人はもう裏切らない」と、少しずつ力を取り戻す。自分に最大限期待してやれ。そして、自分の期待に応えてやれ！

75

「やっぱり無理」は ネガティブ自己催眠だ！

「やっぱり無理」がそのまま宇宙へのオーダーになる。
ネガティブな口ぐせは自分を突き落とす負の暗示だ。
ネガティブを上回る開運口ぐせをとにかくつぶやけ。

かつて「やっぱり無理だった」「自分に成し遂げる力はない」と思うできごとがあったとしても、実はそれが本当だったかどうかはわからない。記憶はいかようにも修正されてしまうからだ。だが、よくないのはそれによって生まれた口ぐせだ。「結局うまくいかない」などの自分へのネガティブワードは、可能性を奪う「自己催眠」だ。口からの発信はそのまま宇宙へのオーダー。過去の記憶を「やはりできなかった」とさらに上塗りしながら、おまえを暗黒の現実へと連れていく。「やっぱり無理」が口ぐせになっているなら、その反対の「やっぱりできる！」を、これまでつぶやいたネガティブ口ぐせを上回るまでつぶやきつづけろ！

「できない」の裏にある「恐れ」を見つけろ！

やりたいと思っているのになぜかすり抜ける。
どうしてもかなわない方向に向かっているときは、
そこに恐れが存在する。向き合え！

「結婚する！」と決めて動いているのに、必ず向こうから振られたり、浮気されたりが続く場合や、「新しい仕事を見つける」と決意して行動しているのに、不採用が続く場合に考えてみなくてはならないことがある。心の底には、かなってしまっては困る、かなうと恐ろしくてしかたがない理由が存在しているということだ。それはすべて「恐れ」だ。その恐れを抱えたまま決意しても、宇宙パイプが詰まっている限りはすり抜けるように夢や望みをつかめない状況が続く。そういうときこそ、自分ととことん会話をしろ。「結婚すると何が起きるの？」「仕事が決まるとどうなりそうなの？」「幸せになると何が怖いの？」と聞いてやれ！　怖くても踏み出せ！

成功者の言葉をうのみにするな、逆境での「行動」だけまねろ！

成功者の何を見るかがポイントだ。
「今」の言動ではなく
成功前夜の行動をヒントにしろ！

今、やりたいことを自由にできている人間は、行動のすべてを楽しんでいる。だから「好きなことしかやっていない」という言葉になるわけだが、これを聞いて「そうか、好きなことだけやればいいのか」と思ったら大間違いだ。これまでまったく自分の中の「本当の本当の私（＝潜在意識）」の声に耳を傾けず、行動もせず、オーダーがかなったことがない（本当は全部かなっているのだが）人間が、成功しているヤツ、つまり人生を思いどおりに生きるキラキラした人間の今を切り取ってまねをしても意味がない。人生で行き詰まったときにどう動いたのかをしっかり見てそれをまねろ。そこには必ず、行動がある。行動だけが人生を変えていく。

78

「なりたい自分」に すでになっている人と会え！

人間はエネルギー体だ。
エネルギーは「伝染する」から注意しろ。
ネガティブな人間といたら、どんどんネガティブになる。

悩む人間は、自分と同じように悩む人間とつるむ。幸せな人間を見て嫉妬し、幸せになりそうな人の足を引っ張る。いつまでたっても不幸から抜け出せない危険なシステムだ。たとえば結婚したい独身女性が「いい男いないわよねー」「そうよねー」と盛り上がっている場合ではない。おまえが向き合わなければならないのは、悩み仲間ではなく、おまえ自身の理想の姿だ。幸せになりたい、自分を輝かせたい、仕事で成果を上げたい。何でもいい。理想とするモデルに会い、ガツンと言われてこい。自分にしっかりベクトルが向けば、自分を磨けるし、パートナーに出会える。仕事もうまくいく。理想は逃げない。向き合わず逃げているのはいつもおまえだ！

孤独なんて幻想だ！
おまえには居場所と宇宙がある！

ひとりで生きているヤツなんていないし、
それぞれの宇宙の中で、ひとりで生きてもいる。
孤独というのは心がつくり出す幻想だ。

誰もがそれぞれの宇宙で、自分の思いどおりに生きている。そして、その宇宙の中で誰もがつながっている。だから、人間はたとえひとりで生きていたとしても、孤独なヤツなんてどこにもいない。どうしようもない孤独感を感じるならば、それは、心が生み出す幻想だ。その心を持て余し誰かの腕をつかもうとすると、相手は慌てて振りほどこうとする。そしてさらに孤独になる。だが、おまえは宇宙に愛されている。誰ひとり欠けても成り立たない、大まかに言っても4千億分の1なんていう確率で、おまえが存在しているんだからな。おまえ自身が奇跡の塊だ。それにくらべたら人生大逆転くらい簡単な話だ。そう考えてしっかりひとりで立ちやがれ！

80

「チャリンチャリン」口ぐせで宇宙銀行に貯蓄しろ！

気乗りしない行動時にとっておきなのが
「チャリンチャリン」の口ぐせだ。
口座には愛と豊かさの貯金が貯まるぞ！

宇宙からのヒントとはいえ「早起きをしろ」とか「ジョギングをしろ」など、やりたくないこともあるかもしれない。そんなときこそ「チャリンチャリン」の口ぐせの出番だ。面倒だと感じることをやるときには、やればやるほど宇宙にある宇宙通帳にお金が貯まっていくことをイメージして「チャリンチャリン」とつぶやけ。それは膨大な愛と豊かさの貯蓄となって、ある日、大きな奇跡となって降ってくる。どんなふうに降ってくるのかをワクワクしながら、楽しみに待て。面倒だからと「イヤだな」と思いながら行動していると、オーダーが「イヤだな」に書き換わり、せっかくの行動も「イヤだな」を生み出すものになるから注意が必要だ！

81

「100万円ゲット」がかなうオーダー法がある！

「お金がほしい」は真のオーダーにはなりえない。
いつまでにいくら必要で、それをどう使うか。
使途不明金は、宇宙は却下だ。

本来の目的に焦点を当てない限りかなわないことがある。たとえば「100万円入ってきた」というオーダーには、かなうものとかなわないものがある。何に使うかわからないお金をオーダーしても入ってはこない。そのお金を使って何をするのか、それを使うことで得られる豊かさをリアルに思い描けてこそ、そのエネルギーを受け取った宇宙が現実になるからだ。お金が入ってきた後の未来をできるだけハッキリ、具体的に思い描け。そして、必要なお金の額も、期限も、細かいところまできっかりとオーダーしろ。たとえば旅行に行きたいのなら、それにかかる経費をすべて計算してオーダーする。リアルになればなるほど、願いはかなうのだ。

行動にブレーキをかける「心のくせ」を突き止めろ！

宇宙にオーダーしても、なかなか体が動かない、
そんなときは心のブレーキに目を向けるとき。
心のくせに気づけば、人は変われる。

魂は宇宙に存在し、地球での行動すべてを楽しんでいる。一方、心は人間が地球に生まれてくるとき、肉体を守るために装備されたものだ。地球で生きていけるよう、家庭や環境に気を配り、安全に成長できるようさまざまなマイルールをつくっていく。そのルールは、その家だけの「常識」だが、一度身につけたルールを無意識に携え、人間は一生を過ごすことになる。大人になってやりたいことがあってもマイルールの中から出られず、ブレーキを踏んでしまう。生きづらさを生むのは、心のくせと思い込みなのだ。宇宙にオーダーしてもどうしてもかなわないというときは、心にフォーカスし、知らず知らず身につけた思い込みを疑え！

83

苦労大好きドＭ人間は「設定」をやり直せ！

オーダー実現には行動が不可欠だが、
「のたうち回るほどの苦労」など本来必要ない。
苦労が目的の苦労になっていないか？

オーダー実現に行動は欠かせないが、「苦労したから幸せになれる」は大いなる勘違いだ。宇宙はシンプルにして超緻密。願いをオーダーし、行動すれば必ずかなう。しかし、「死ぬほど苦労し努力してやっと幸せになる」とオーダーすると、実現には地をはいずり回る苦労が伴うことになる。それでなくとも、宇宙はドラマティックな演出をするのだから、「死ぬほど苦労して」などとわざわざシナリオに加える必要はない。「必ずうまくいく」と設定を「易しい」にしていいのだ。嬉々としてオーダーし、嬉々として行動していくだけでいい。「そんなにうまくいくはずがない」は宇宙では厳禁のワースト1位の口ぐせだ！

ワクワクすることを、今すぐ3つ書き出してみろ！

楽しいと思えることを思い出せ。
人生で楽しかったことが1度もないヤツなんていない。
ウソだと思うなら、書き出してみろ！

おいおい、おまえは、いったいいつ「人生は楽しくない」と決めてしまったんだ？　そして、なんでわざわざ楽しくないことばかり見つけて憂いてるんだ？　おまえがいるのは地球という名のワンダーランドだ。スリルやホラーのアトラクションだって、本来楽しくてしかたないものだ。おまえが楽しいと思えること、これからやるとワクワクすることを、今すぐ3つ書き出してみろ。どんな小さなことでもいい。「犬を見ると笑顔になる」「クロスワードパズルが解けたときの快感」というような、ささやかな喜びでいい。書き出したら、必ず今日それを最低1つは体験しろ。そして、「これがあるから人生は楽しい」とつぶやけ。

85

運は気分だ！
いい気分でいろ！

気分がいいとき、運気は勝手に上がる。
先に自分の気分を整えろ。
すべては自分からの発信だ！

運を1秒で上げる方法がある。それは、「気分をよくすること」だ。前向きなこと、好きなこと、いいことに目を向けいい気分になる。そして、何かにつけて「私って運がいい！」とつぶやけ。鏡の中の自分が笑うには先に笑う必要があるように、幸せになりたいなら、先に「幸せだ！」と言え！　どんなに小さなことでもいい。幸せの証拠を見つけ「ほら、だから幸せ！」とつぶやく。すると、この瞬間からおまえは最高に運のいいヤツになる。宇宙は本人のエネルギーを増幅させ、現実化する。いいエネルギーでいる人はどんどん運気が上がり、幸せになる。宇宙のしくみなんて、めちゃくちゃシンプルだ。小むずかしくすんじゃねえ。

86

「そういうこともあるかも」で思い込みの鎧(よろい)をぬげ！

誰かのことを、自分のものさしでジャッジするな。
自分ではない人間を、自分のルールに閉じ込めるな。
そうすれば、誰より自分が自由になれる。

宇宙の中に存在する情報すべてを、白か黒かに分類するなんて到底できたもんじゃない。ましてやおまえの地球上でのつたない経験と知識だけで人やことがらをいちいちジャッジしなくていいし、できるはずがない。自分では体験したことがない価値観や考えに遭遇したときには、「それは違う」「否定された」などといちいち反応せず、「そういうこともあるかもね」とつぶやけ。「この人の宇宙ではこれが常識なのだ」と、どんなことも、おおらかな気持ちでいったん受け止める訓練をしろ。誰かを自分のものさしではかろうとするな。人もできごとも、ジャッジしなければ自由で豊かな気持ちを得られる。それによって自由になるのは他でもないおまえ自身だ。

87

いつどんなときも「居場所はある」と言え！

あのときおまえにできたことは、すべてやりきった。
おまえの居場所はここにある。
おまえのつかむ未来は過去すら変える。

「あのときこうしていたら」「あの失敗がなければ」などと過去を悔やみつづけるのは愚の骨頂だ！　自分を責めるのも、誰かのせいにするのも金輪際やめろ。おまえは、そのときおまえができることを精一杯やった。だから堂々とこうつぶやけ、「私の居場所はある」と。そして、人生逆転したいなら、本気でおまえという人生映画の監督になれ。客観的に自分の魅力と強みを見極め、最高のエンディングを演出しろ。おまえの人生は、おまえが監督であり、演者。おまえを鼓舞するのもおまえだ。どんな失敗や後悔があろうと、今おまえは生きている。そして生きている限り、人生は逆転可能だ。過去は取り戻せはしないが、望む未来は過去すら変えるのだ。

88

誰かとくらべるだと？
自分史上最高の自分になれ！

自分に難癖つけるのは得意なくせに、
自分を自分の宇宙最高の自分にしようと
気合入れたことあんのか？

「私って美しくない」「オレはどうせダメなヤツ」と、難癖つけすぎて、宇宙の楽しみ方を忘れたか？　おまえの宇宙では、外見も能力も、他人の評価や他人とくらべてのコンプレックスも、まったく意味を持たない。くらべる相手など、本来存在しないのだから。強いて言うなら、自分の宇宙の中で、自分を史上最高の自分にする努力をするべきだ。あくまでも、自分の宇宙比だ。自分史上一番の自分になれたなら、自然と人からの評価が上がるだろう。これは、おまえ自身の問題なのだ。その努力という行動を、魂は興奮して楽しんでいる。そういうヤツには奇跡が起こりまくることになる。誰かとくらべるな。自分だけに集中しろ！

「なんとなく行動」は追放！「しないこと」を決めろ！

「これはしない」と決めることも行動のひとつ。
過去の古い価値観に引きずられたままの行動をやめ、
今の自分が望むことに集中しろ。

宇宙に願いをオーダーしたのにかなわないというときに考えてみるべきこと。それは、宇宙からのヒントを受け取って行動する暇がないほどに、「余計なこと」をしつづけていないかということ。やりたくないのにやめられないことをつづけていたり、古いやり方にしがみついて我慢しつづけていたり。今までのやり方や価値観を見直し、今の自分には必要がないものを手放す勇気を持て。やらないことを決めるのもひとつの行動だ。いいか、新しいオーダーをするとき、人はある意味、脱皮しなくてはならないのだ。今こそ自分のために、勇気を出して「やらない」ことを決めろ。すると新しい風が吹く。おまえが乗るべきは、その新しい風だ！

魂と心とを同じ方向へ進ませろ！

魂は常に前進で、心がいつもストップをかける。
そうやっていつも魂が楽しむのを止める心が
魂と同じ方向に向かうようにしろ！

「魂」の故郷は宇宙だ。一方、「心」の故郷は人間の体だ。魂は常にあれこれ楽しんでいるが、心は常に命を脅かす存在に恐れを抱いている。だから望みに向かって動けない。そんな状況のときには、まずは心のブレーキを疑え！　魂はいつも動きたがっているアクセルだ。そして、どうしたら心が納得し、魂と同じ方向に進めるのかを考えろ。そのためには、心がどんな常識に縛られているのかを知ることから始めよ。「私が常識だと思うこと」をとにかく書き出し、目で見る。それらが正しいのかどうか、赤ペンでチェックしろ。「人に迷惑をかけてはいけない」「お金は災いのもと」など、自分の心の常識を疑うことから、そのブレーキを外していく作業は始まる。

嫉妬したらガッツポーズ、「おまえにもできる」のサインだ！

嫉妬心が生まれるのは
「それは自分にもできたはず」に対してだけ。
そこにたどりつけるというサインだ！

嫉妬とは、本来自分が受けられるはずの恩恵を誰かが受けたことによって揺れ動く感情と執着のことだ。そして同時に、自分と同じか下だと思っていた人間に対して発動する。考えてみろ、アラブの石油王に憧れることはあっても、嫉妬や劣等感は抱かないだろう。嫉妬や劣等感を感じたときというのは、相手に向けてイヤな気を飛ばしているように見えて、本当は「私にもできるはずなのに、なぜ成功したのは自分ではないのか」「なぜ自分は止まったままで、行動していないんだ!」と、自分に物申しているとも言えるのだ。だから、嫉妬したときはチャンス。おまえもそこにたどりつける人間だということだ。「自分にもできる」とつぶやいて動け!

92

誰かへの復讐心で自分を不幸にするな！

自分を幸せにしないことで、
自分の親に復讐するのはやめにしろ。
不幸なまま死ぬ覚悟があるのか？

人間というのは、つくづく心に振り回される生き物だな。幼いころの親が自分の思ったとおりの親じゃなかったという理由で、いつまでたっても、親に自分の理想の親になってもらおうと努力するか、自分が不幸になることによって「おまえが子育てに失敗したせいだ」と責任を取らせようとしたり、罰したりしようとするわけだ。しかしながら、この戦いは超不毛だ。結果的に、一番不幸になるのはおまえだからだ。「あのときの親はあれが精一杯」とつぶやいて、自分を親から解放してやれ。これからはおまえが自分の理想の親のように自分を扱い、理想の人生を歩め。おまえが幸せになることこそが、本来親に見せつけるべき姿だ。

93

小さな習慣を新しくひとつ始めろ！

1日は小さな行動で織りなされている。
新しく加えた細い糸は
仕上がりの彩りを大きく変える。

「人は絶対に変われる」も「簡単に人は変われない」も、実はどちらも正しい。人間というのは、宇宙にはない心という生命維持装置を持っていて、心は幼いころに身についたルールを意地でも守ろうとするからだ。しかし、絶対に変われないということはない。その第一歩が口ぐせを変えることだ。今まで使っていたネガティブな口ぐせは心を表す鏡。だから、ポジティブな口ぐせを使えば、人生を変える土台は整う。口ぐせにプラスして、新しい習慣をひとつやってみる。朝30分だけ早く起きる、朝通る道であいさつする、夜鏡を磨くでも、何でもいい。毎日の行動は自分に自信をつける格好の材料だ。小さなチャレンジでで人生の変化は加速する。

94

ズブの素人、大歓迎！
何でもやれ！　人生は冒険だ！

経験がないからあきらめるだと？
誰だって最初は素人だ！
どんなことも、今この瞬間に始めよ。

「英語が話せるようになりたい」「人前で歌いたい」そんな声が自分の心に響いたら、即行動だ。やらない言い訳はよどみなく生まれるだろう。だが、おまえはスタートしなくてはならない。それも、今すぐにだ。どんなことだって遅すぎることはないどころか、今この瞬間に始めれば、1年後に始めるのとは大きな差がついている。迷うことなく、まずは手をつけてみろ。続かなければ、他のことを見つけてもいい。「やっていたらできたかも」より「やってみたけどできなかった」のほうが人生は輝く。人間は何歳になっても、試行錯誤の連続、楽しいこと探しの冒険の旅だ。心底楽しんで続けている人間には、宇宙の力が必ず味方する。

95

宇宙からのヒントはひらめきだ！思考するな！

「あ、そうだ」とふと思ったこと、これこそが宇宙からのヒントだ。
そして、ひらめきは、オーダーに直結したヒントだ。
何が起きても絶対に願望実現へと向かっている。

「何が宇宙からのヒントかわからない」と言う人間がいるが、ヒントだろうと、そうじゃなかろうと、頭に浮かんだこと、目に見えて気になったことをまずやり尽くせ。いちいち「これがヒントじゃなかったら」なんて考えるな！　そもそも「ヒントだったらやる。ヒントじゃないのならやらない」という魂胆が気に食わないし、やってみて「違うな」と思ったら、次に浮かんだことをやってみればいいだけだ。ヒントはひらめいた瞬間がすべてで、その後に湧く「これをやったら〇〇かな」という部分は思考、余計な部分だ。あれもこれも、浮かんだヒントはすべてやってみろ。そんなおまえの行動力を宇宙は見ているのだ。

96

人生を暗転させる「完璧主義」を今すぐやめろ！

人間は「失敗しないように」と考えると
動けなくなるようにできている。
失敗することも含めて、オーダー実現に向かうと知れ！

「失敗したくない」と言う人間は多いが、オレには意味がわからない。失敗も含めておまえの魂は心の底からウキウキ楽しんでいるというのに。それに、すべてが何も問題なくうまくいっていたら、人生はだんだん楽しくなくなるものだ。失敗という経験をやってみたかったのだし、やって、失敗して、できるようになる。その過程に人間は喜びを感じるものだからな。だから、「失敗したくない」という概念自体をもういいかげん手放せ。失敗はつきもの。失敗を排除する必要はないし、成功の過程として楽しめるようになれば、人生は何倍も楽しい。宇宙もはりきって、ドラマティックな展開を用意して、おまえを奇跡の渦に巻き込んでいく。

不平不満を言わずにまずは1週間過ごせ!

不平や不満はすべて、宇宙へのオーダーだ。
人生を変えたいなら、それらを今すぐやめろ!
オーダー以前の問題だ!

人間の口ぐせには、そいつが心の底から信じている人生の前提が現れている。「つまんねえな」「やっぱりダメか」という自分に向けた言葉もそうだが、人に対して向けているネガティブな言葉もすべて宇宙へのオーダーだ。今から1年間、一切のグチ、不平不満、人への悪口を封印してみろ。1年後の人生は間違いなく180度変わっている。1年が長いなら、まず1週間やってみろ。効果を感じて驚くほどだろう。もしネガティブな思いが湧いてどうしようもないときは、信頼できる相手だけに「このときこう感じた」と自分の気持ちを整理するために話を聞いてもらってもいい。人にいちいち反応してしまうくせが、徐々に収まっていく。

98

過剰反応したときは「何もしない」という行動をしろ!

不安や心配に襲われたら何もするな。
反射的な行動は大抵、よい結果を生まない。
待機も立派な行動だ。

恋愛中に相手から連絡がなくて突然大きな不安に襲われたり、認めてほしい人から叱られたりすると、「見捨てられたくない」という心の不安が増大し「今すぐ何とかしよう」と、めちゃくちゃな行動を起こすヤツがいる。これは、幼いころに受けた心の傷が反応して、母親や父親のお面を相手に被せている状態だ。いわば心のストーカー化だ。こんなときの行動はただひとつ「何もしない」。心の深い不安が収まるまで、じっと待機しなければならない。別のことに時間を使ったり、出かけたりして、いったんそのできごとと自分の心との距離を置け。人間の心は厄介だ。引きずり回されないよう、ときにはじっとしていることも効果的だ。

99

自分プロデュース会議を開催しろ!

マイナス思考に囚われるとき、やろうと思っても動けないときは、
自分の中に、反対している自分がいるときだ。
自分と会議をし、全員一致の望みを見つけろ!

人間には心がある。そして、7種類の人格があると言われている。今の自分、プロデューサーの自分、厳しい親方のような自分、純粋に喜ぶ子どものような自分、荒ぶる反抗的な自分、あらゆるものを俯瞰して見るニュートラルな自分、本当の本当の本当のコアな自分だ。今すぐに7つの心全員を一堂に集めて自分会議を開催しろ。そして、自分の中にいる7人すべてが「よし！　それならやってやる。すばらしいオーダーだ」と言ってくれる自分の望みに絞り、オーダーしろ。おまえにはいつも7人の仲間がいる。どんなチャンスが来てもすぐに「よしやろうぜ！」と言ってくれる最強のチームは、不安になったり、ドリームキラーに負けたりもしない。決して1人じゃない。チームでいどめ！

100

怖がるな。今からでいい。いつでも人生は逆転可能だ！

「できなかったらどうしよう」だと？
今までちゃんと生きていることを、まずは上出来と思え。
ここからの人生は、いつだって大逆転可能だ！

おいおい、何ビビってんだ!? 人生は、エンターテインメントだ。どんな状況もおまえに与えられた最高のおいしい場面なんだよ! 今借金まみれでも、能力不足で叱られても、虐げられていても、怖気づくんじゃねえ。おまえの外側に怖がるものなんて、何もない。おまえが怖がっているのはおまえの内側でおまえがつくり出した恐れだ。まずは、今まで生きてきたこと、そのおかげでこれから先へのチャンスがあることに感謝しろ。おまえの宇宙は誰にも傷つけられたりしない、おまえだけのものだと改めて認識しろ。誰が何と言おうと、どんな状況だろうと、何度でもチャレンジできる。それがこの地球だ。今からでいい、思いつく限りの行動をし尽くせ!

こんにちは、小池浩です……ってもう最終ページですけど（笑）！　この本がみなさんの行動のきっかけになれば何よりです。冒頭で宇宙さんが暴露していたけれど、オーダーして理想の未来を決めてからの僕には、どんな小さなことも全部ヒント。やれることは全部やると決めてやり尽くしました。もうね、結局のところ、人生はやったもん勝ち、行動したもん勝ち！　それに尽きるような気がします。そうそう、僕も〝お告げ本〟よく読んでました。借金がまだかなりあったときに何十万円もする心理学講座を受講するその初日、開いたところに「それでいい。未来への一歩」とあって、すごく背中を押されたのを覚えています。「1分あれば、人生は変えられる」って、本当だと思うんです。だって、決めれば、変わるから。みなさんどう決め、どう行動し、どう変わったか。ぜひ僕にみなさんの大変貌ぶり、教えてくださいね！

小池浩

小池 浩 こいけ ひろし

心理セラピスト。インディゴッド仙台代表。16年前、念願のアパレルショップ経営のために負った借金が膨れ上がり、2000万円(うちヤミ金600万円)に。自己破産しか道がない状態に追い詰められたとき、宇宙とのつながりを思い出す。言葉の力を使って潜在意識を浄化し、宇宙の使者「ドSの宇宙さん」から送られてくるヒントを指針に、宇宙に望みを「オーダー」しはじめてから人生が激変。アパレルを撤退して始めたブレスレットショップが話題となり、一気に人気店に。9年で借金を完済後、収入は増える一方。愛する妻と2人の娘とともに、楽しく願いをかなえる毎日を過ごす。独自の願望実現法をまとめた第1作『借金2000万円を抱えた僕にドSの宇宙さんが教えてくれた超うまくいく口ぐせ』がベストセラーに。シリーズ3作、累計28万部を突破している。

アベナオミ

宮城県生まれ、宮城県在住のイラストレーター。日本デザイナー芸術学院仙台校卒業後、地元情報誌のデザイナーを経てイラストレーターに。多ジャンルでのイラスト執筆のほか、東日本大震災の被災経験をまとめた書籍も多数出版。防災士の資格を取得、全国の母親に向けた防災対策を広める活動にも力を入れている。

デザイン　萩原弦一郎(256)
構成　MARU
イラスト協力　髙橋海香　YUME　安比奈ゆき　藤川和美
本文DTP　二階堂千秋(くまくま団)
編集協力　乙部美帆
編集　橋口英恵(サンマーク出版)

ドSの宇宙さんの1分スパルタ開運帖

2020年4月25日　初版印刷
2020年5月1日　初版発行

著者　小池 浩　イラスト アベナオミ
発行人　植木宣隆
発行所　株式会社サンマーク出版
東京都新宿区高田馬場2-16-11
電話　03-5272-3166
印刷　株式会社暁印刷
製本　株式会社若林製本工場

ISBN978-4-7631-3826-2 C0030
ホームページ　https://www.sunmark.co.jp